公務員特権 × 不動産投資

公務員が最短最速で 不動産投資で FIRE する方法

株式会社 堅実不動産
代表取締役 ひろや
［@ktm10001］

まえがき

「公務員で一生を終えて後悔をしないか?」

私の人生は、こんなものじゃない…。

あなたが今の境遇に行き着いたのは、ちょっとしたタイミングや運の問題が大きいのかもしれません。

ただそうは言っても、人生は誰しも一度きり。

そう考えた時に、公務員として退職までの貴重な時間を費やす今の人生で後悔はありませんか?

全くもって、後悔がないと言い切れる方は素晴らしい日々の過ごし方ができているので、ぜひ今のご職場で引き続き戦力となり、同僚や部下達を引っ張り上げてください。

ただ逆に、今の働き方を続けてしまっては、一度きりの人生後悔してしまうのではないかと危惧しているあなたは、ぜひ本書を読みながら、一度ご自身のライフプランについて立ち止まって、考えてみませんか。

高校や大学を卒業したタイミングで、たまたま縁があり、入職されたのが今の職場だと思います。

大学生の知識だけで、生涯働く職場を的確に選ぶのは至難の業です。

私自身も当時、官公庁へ入庁し、これが一番最善の選択だと思っていました。

入庁前の私の公務員への印象は、安定した仕事で、定時に帰ることができ、定年まで勤め上げれば、退職後の年金も保障が手厚く、リスクを冒さずに職を全うすることで、安定した福利厚生を享受できるとメリットばかりが先行していました。

ただ実際に勤める中で、自分の思い描いていた仕事内容と得られるものに乖離があり、入社2年目頃には働き続けることへの違和感がありました。

その悶々とした状態で勤務し続けることに疑問を持ち、いつでも公務員を辞めることができるためには、転職もしくは本業以外の収入源の確保が必須だと考え、最終的に不動産投資をスタートするきっかけになりました。

安易に転職を選択せずに、公務員を続けながら不動産投資の選択をした理由は、公務員にせっかくなった努力をリターンとして享受したいとの想いからです。

なので、私のように実際に勤務する中で違和感を持って、働き続けている方には不動産投資を実際にスタートして、資産規模を拡大することで、必ずしもサラリーマンとして働き続けることが正解ではないことを本書ではこの後お伝えをしていきます。

10年以上不動産投資歴のある私が断言できることは、不動産投資には人生を変えるほどインパクトがあるということです。

知識と情報を駆使して、リスクを抑えつつ、相場よりも割安な物件を着実に購入し続けることで、短期間で一気に拡大することも可能ですので、ぜひその拡大に本書が寄与できると著者としては幸いです。

また書籍の最後に、個別面談に関してフォームを載せています。

ぜひ本書をお読みいただき、私の不動産投資の取り組み方について共感を得ることができ、また実際に私とお話ししたいという方たちと座談会のようなイベントもできれば著者として大変嬉しく存じます。

CONTENTS

1

公務員のあなたこそ不動産投資を始めるべき

なぜ公務員が不動産投資に向いていると断言できるのか

今現在、公務員として働きながら、この書籍を手に取ってくれたあなた、

「人生の幸せ行きの切符を手に入れることができました！　おめでとうございます！」

あなたは不動産投資のルールをしっかりと理解して、このゲームのスタートを切ることができれば、不動産投資で1億円以上のキャッシュを作り、「富裕層」の仲間入りが10年以内に可能になるでしょう。

ご挨拶が遅れました、私著者のひろやこと船生裕也（フニュウヒロヤ）と申します。福島出身の田舎で、大学で上京後、22歳の新卒で都内官公庁に勤務をし、28歳で退職後、独立し、現在に至ります。

現在は現金で1億円以上の資産を持ちながら、不動産投資では一棟、戸建を中心に物件の買い増しを続けています。いわゆる経済的、時間的、心理的自由を手に入れることができている状況です。

ただそんな私も、元々は年収400万円弱の、一般的な地方上級公務員でした。

毎日、職場と自宅の往復でこのままの生活を送り続けても、私が理想とするライフスタイルを手に入れることはできないのではないかとの不安から、サラリーマンとしての給与収入以外の収入源の確保に興味を持ち、不動産投資事業に行き着くことができました。

ただここまで話を聞いて、不動産投資に興味があって取り組んでみたい気持ちはあるが、今の自分の属性で果たしてスタートを切ることができるのかとの不安を持つ方も多いのではないでしょうか。

私が不動産投資をスタートしたのは25歳の時で、当時自己資金は200万円弱ほどでした。

また両親のコネや相続資産など全くない状態からスタートし、約4年で、一棟アパート14棟、戸建6戸、区分マンション1戸の売却を経て、現金1億円を作ることができ、公務員を退職〝FIRE〟することができました。

コネや才能がない20代半ばの一般サラリーマンである私が成功できた要因は何だと思いますか？

私なりに当時の行動や取り組んできたことを思い返した時に、これだと思ったのは、**〝圧倒的な行動力〟**でした。

行動力と一口に言っても色んな捉え方がありますが、私の場合には特にスピード感を大切にしてきました。不動産仲介業者、銀行、管理業者、ガス業者など関係先からの連絡には、即レスを心がけて、ひろやさんはレスの早い人と思ってもらうことで、チャンスが巡ってくるようになりました。

ただここまで聞いて、私には本業以外に不動産投資のために時間を確保して、行動できないよっていう方も多くいると思います。

安心してください。**大切なのは行動力以上に習慣です。**習慣に関しても、やり方次第で日常のルーティンとして組み込むことができます。私も最初の頃は、公務員の仕事の傍ら、副業のために時間を作るのが苦手で四苦八苦してましたが、毎日不動産投資のためにやる作業を明確にすることで一気に成果が出ました。

この辺りは本書にて後ほど詳細をお伝えしますので、ぜひチェックしてみてくださいね！

さて、今回1作目の「35歳までに〝現金1億円〟を作る入口戦略　不動産投資術」に引き続き、今作を出版した理由があります。

それは、「公務員こそ不動産投資をやるべきである」と強くおすすめをしたい想いからです。

公務員とはいえ、時代の変化とともに、生涯安定とは確実に言えない職種に今後よりなっていくと予想します。

そのため本業収入以外の、収入源の確保に若い頃から動いた人ほど、人生における選択肢を増やすことができ、リスクを回避しながら満足度の高いライフスタイルを送れると考えます。前述しましたが、転職という方法で自分のライフスタイルを築くやり方もあります。

不動産投資はあくまでご自身の人生の目標を達成するための1つのツールなので、そこは覚えておいてください！

また私の経験上、公務員の属性や働き方は不動産投資の事業に非常にマッチしており、やらない理由がないと考えます。

では早速、具体的に公務員はなぜ不動産投資が向いているかの理由をお伝えしていきます！

銀行員から見ると、公務員は最強の属性である

あなたは銀行員から見た際に、どんな人が積極的に融資をしたい属性だと思いますか？

ズバリ、公務員はそれに該当します。公務員以外には、地主、資産家や士業（医師、弁護士、公認会計士、税理士など）の方になります。

銀行は融資の際、基本的にリスクを嫌う傾向があり、職業や自己資金の観点で堅い属性の方を望みます。

その点で公務員は、最も融資をしたい職業の筆頭と言えます。また、銀行員と公務員は職業柄、保守的な部分が共通点としてあり、似ているバックグラウンドなども相まって、好印象を抱いてもらえるケースが多いです。

それを踏まえると、公務員の方は融資を受けられるチャンスがあるにも関わらず、その武器を利用しないのは非常にもったいなく、機会損失と言わざるを得ません。

銀行から見た自宅用不動産と収益用不動産の違い

またこの話をすると、住宅ローンで自己居住用の物件を購入した後に収益不動産を買うのが至極真っ当な順番ではないかと疑問の声を持つ方もいるのではないでしょうか。

ただ自宅は収益を生まない負債として見られるケースが非常に多く、収益不動産の融資を引く際にもマイナスの影響をもたらす可能性が高く、できれば住宅ローンは収益不動産物件で実績を出した後に使うことをおすすめしています。

自宅は融資審査の観点で収益を産まない負債であり、銀行から見た場合に残念ながら資産ではありません。

逆に言えば、相場よりも割安に仕入れることができた収益物件は、銀行もバランスシート上の固定資産として正当に評価をしてくれ、融資を引き続ける観点でも有効な資産となります。

その辺りを理解して人生設計できるかが若い世代でＦＩＲＥを目指す上で大切な指針になります。

せっかくご自身で貯蓄した自己資金も資産価値のない、自宅用不動産購入時の頭金として使ってしまっては、投資効率が悪く、その辺りもご自身のライフプランから逆算しながら、虎の子の自己資金をどの投資商品に配分するかを決めることがとても大切になります。

公務員としてだけ定年まで勤め上げる人生であなたは満足か？

あなたの公務員ライフは入職前のイメージと比べて満足できるものでしょうか？

イエスと胸を張って答えられる方は、このまま現在の仕事をぜひ全うしてください。

ただ逆に、胸を張ってイエスと答えることができなかった、あなたは一度立ち止まって、公務員としてだけ将来働き続けることができるのか自問自答されることをおすすめします。

というのも、私自身が公務員になる前と、実際になった後で以下のような大きな違和感を感じたからです。

・閉鎖的な職場環境で前例主義のため、個人の意見が反映されにくい
・年功序列のため、能力があってもそれが正当に評価されず、年収が上がりにくい
・出る杭は打たれる社会で、個性が評価されにくい
・仕事着が決まっており、自由な服装ができない
・区民の顔色と常に窺って、仕事をしなくては行けないストレス

これらが実際に入社後感じた不満でした。

公務員のみなさんは、私とまた違う視点で不平や不満を持っている方も多いのではないでしょうか。

とは言っても、本業以外の収入源が無い場合、1本の収入源に固執するしか無いため、職場の不平不満は我慢しながら、ストレスを溜めて働く必要があります。

不動産投資で本業収入以外の収入源を確保できれば、そんなストレスを抱えたまま働かなければいけない状況から逃れることもできます。

なんだかんだ言ってもやはり、収入源が確保できていると精神的安定をもたらすのでおすすめです。

とはいえ、公務員しかサラリーマン経験がない人がいきなり全く別の業界で起業となると、ハードルが高く、金銭的リスクも発生するため、そこをリスクヘッジする意味でも不動産賃貸業でスタートを切るのがおすすめです。

不動産賃貸業を通じて、ビジネスとしてお金の流れを覚えつつ、ご自身が将来的に独立したい場合などはその経験を活かして、事業展開が可能になるでしょう。

ぜひ本書を読んだ方に忘れないで欲しいのが、本業＋αの収入源の確保をまず第一ステップとして取り組むことです。

副業規定だけで不動産投資を諦めるのは早いし、もったいない

公務員は副業規程で、本業以外の副業が禁止されているし、あえてリスクを負ってまで不動産投資をやるのはどうなのかと疑問を持っている方は多いのではないでしょうか。

そんな私も、大学卒業後、22歳で入庁した当初は新入社員向けの新人研修の機会に、副業規程に関してレクチャーを受け、副業はＮＧなものだと諦めていたので気持ちがわかります。

ただ不動産投資に関して言えば、やり方次第で副業規定を守りながら、本業と二足のわらじで安心して取り組むことが可能になります。

情報に無知なために考えもせずに、副業に取り組まないのは人生単位で考えても機会損失になりかねませんので、注意が必要です。

それでは早速以下にて具体的に公務員として働きながら、取り組む方法についてお伝えをします。

◉5棟10室の規模以下の物件規模で取り組む

公務員向けの副業規定で多いのが、5棟10室以下の規模であれば事業的規模に該当せず、副業としての届けが不要になるというものです。

そのため、あくまで本業の傍ら、月10～20万円程度追加で副業収入が欲しいという公務員の方は、この方法で取り組めばそもそも副業規定を意識せずとも取り組みが可能です。

不動産投資での資産拡大に不安があるが、まず1つ目の物件を購入してお金の一連の流れを把握したい方におすすめの方法です。この物件の購入を皮切りに、不動産投資での第一歩目を踏み出しましょう。

また上記の規模感では物足りず、月20万円以上の副業収入が欲しい方は、次の方法で資産管理法人を設立されるのがおすすめです。

◉親族を代表とした資産管理法人を立ち上げる

1つ目の5棟10室以上の規模を超える物件を購入したい方におすすめの方法です。

実際に私も公務員時代に取り組んだやり方です。

例えば、配偶者が副業規定に引っかからない属性の場合、配偶者を代表に置く形で資産管理法人を立ち上げ、法人名義で物件を購入する方法になります。

この場合、公務員である本人が役員に入らず、かつ給与収入をその法人から受け取らなければ、副業として会社にバレても問題が生じません。

仮に未婚の方の場合、親御さんやご兄弟で適任者がいれば、その方を選任する形で法人の代表を務めてもらいながら、ご自身は融資の際の連帯保証人として入る形での融資組み立ても可能です。

また法人で立ち上げるメリットは副業規定を交わすことだけでなく、期を重ねる毎に決算が法人の実績として残るため、それを評価して銀行がプロパー融資をしてくれるため、属性を度外視した好条件の融資を将来的に引くことができる点があります。

プロパー融資（注1）の段階になれば、公務員の属性ではなく、あなたの法人実績を評価しての融資となるため、FIREが具体的に見えてくるフェーズに突入します。

プロパー融資の規模まで融資を引くことができれば、理論上は無限に融資を引き続けることが可能になり、資産規模の拡大を目指す場合、とても強い追い風となります。

（注1）プロパー融資とは、銀行が個人属性ではなく、法人や個人事業主の決算書や確定申告書の内容を評価して、事業性を理由に融資を行うこと。

※ここの部分については、どんなに分かりやすく書いても分からないって方も多いかと思います。ただ一度経験してしまえば、難しい手続きは無いのですが、初めてだとやはり分かりづらい部分や不安な部分もあるかと思いますので、そんな時は気軽にご相談くださいね！

◉管理業務を専門の不動産管理会社に委任する

購入した物件をご自身で自主管理して、物件運営を行うと、実際にご自身が事業を主で行っているとみなされ、それが副業としての活動として職場から判明した際に目をつけられるリスクがあります。

それをかわすためには、物件の管理業務を専門の不動産会社に管理委託することです。

家賃集金、退去立会い、物件の清掃業務など、毎月家賃の5%が平均の管理手数料になります。ケチって自主管理するよりも外部に委託することをおすすめします。

物件管理は外部に頼りつつ、ご自身は物件の仕入れ（物件探し、融資付）に注力した方が、不動産投資としての成果も出やすくなるので、おすすめです。

実際に私も公務員との二足の草鞋を履いている時には戸建ての一部を除いて、一棟アパートやマンションは全て外部の不動産管理業者に管理をお願いしていました。

現在でも物件の管理業務は外部の会社へ委託する形式を継続しており、これは不動産初心者の方には特におすすめです。

また管理会社との取引が始まり、関係性を持つことで、毎月の管理業務だけでなく、売り出しがかかった案件を優先的に紹介してもらえることもあります。管理業者は物件オーナーとのコネクションもあるため、市場に出回る前の未公開物件なども紹介してもらえる機会もあるため、ぜひ早い段階で関係性を構築して、物件が回ってくるルート作りをすることをおすすめします。

公務員こそ、若くして不動産投資を始めるべき理由

公務員の方は、その多くが公務員試験を受験して、筆記試験および面接試験をクリアし、就職されていて、一般的に優秀な方が多い印象です。

実際に私が働いていた官公庁も、学歴的に国立大学や早慶大、MARCH出身の同期も多く、学歴の良い人だらけでした。仕事中の問題が発生した際の、対応力や課題設定力には目を瞠るものが多かったです。

ただそんなライバルたちに勝って、難関試験を努力で通過し、手に入れた公務員の属性を活用しないのは非常にもったいないと思いませんか？

公務員になるために要した費用と時間を、本業＋αの不動産投資で回収して、精神的・時間的に自由な人生を手に入れましょう！

年功序列の公務員として働き続ける以上、20～30代の若い年齢で余裕のある生活を手に入れたい場合、本業だけでは限界があります。

本業収入で足りないお金を生み出すための不動産投資として取り組みましょう！やり方次第では3年以内に手残りでの月収が本業での給与収入を超えることも十分に可能です。

そして不動産投資で得た家賃収入を大切な家族や恋人のために使うことができれば、あなたの人生の満足度は高いものになるでしょう。

ここまで理解したら、あとはあなたの今の属性で利用可能な銀行を決めて、各銀行に沿った物件基準を明確にして、物件の仕入れ活動に着手していきましょう。

本業と副業を組み合わせることで、選択肢の多い人生に

あなたは人生の豊かさは何で決まると思いますか？

私は、人生の豊かさとは、〝選択肢が常に複数ある状態〟だと考えています。

何かを理由に選択肢が1つしかない状況ではなく、自分が複数の選択肢から主体的かつ自由に選ぶことができる状態を指します。

具体的に言えば、

・旅行先を決める時、お金や時間を理由に行き先が限定されない
・外食をする際に、お店を自由に決められる

・お子さんの習い事ややりたいことを全てやらせてあげられる
・自宅を予算関係なしに、好きな場所に構えられる
・移動を電車やバスだけでなく、目的に応じてタクシー、飛行機など利用ができる

こんな日常を過ごせたら、あなたは幸せではないですか？

公務員の給与体系は原則的に年功序列のため、20～30代の比較的若手社員は給与収入だけだと、生活費もそれほど余裕がなく、お子さんがいる場合などは、お小遣いも月3万円以下の方も結構多いのではないでしょうか。

実際に私が公務員時代に同じ部署の先輩職員や同僚などが、お金に不自由があり、家庭の不満を漏らしていたケースが記憶に残っています。

公務員の給与収入だけでは、お子さんの子育てをしながら、余裕のある暮らしを送るの

は非常に難しい時代に突入しています。

ご自身の資産を守れるのは会社ではなく、個人のあなた自身です。

個人で稼ぐ時代に突入した今こそ、不動産投資で本業+αの収入源を確保して、余裕のある人生に繋げていきましょう!

いつでも仕事を辞められる状況が最強

ここまで不動産投資の副業としての価値をお伝えしてきました。

ここで1つ質問です。あなたは不動産投資で達成したい月収は具体的にどのくらいの金額ですか?

というのも、月に家賃収入20万円稼ぎたい人と、月の家賃収入２００万円稼ぎたい人では取り組むべき戦略が異なるためです。

不動産投資を本業＋αの生活を補填するくらいの規模感を求める場合、必ずしも不動産投資でＦＩＲＥを目指す必要はないですし、ストレスなく働きながら、家賃収入によって、より余裕のある生活を手に入れる選択肢もあります。

逆に、私のように早く公務員の仕事を辞めて好きな仕事をしたいとの想いを持ちながら、働いている人は、不動産賃貸業だけで生計を立てられる売上規模を作る必要があります。

最低生活費次第ですが、概ね毎月の手残りキャッシュフローベース（注2）で１５０万円／月くらいあれば、安心してＦＩＲＥすることが可能になるかと思います。

また収支でなく、資産規模で言えば、家族構成による最低生活費の関係で多少上下ありますが、概ね自己資金で５０００万円位作ることができれば、ＦＩＲＥをしても問題ない水準になります。

あとの章で具体的にどのくらいの物件規模の買い増しができれば、月１５０万円の手残りキャッシュフローが作れるかについては説明をします。

いずれにせよ、不動産投資での収入で基盤を作ることができ、仮に本業の収入が不安定になっても、いつでも退職できる状態が一番に最強の状態なので、ＦＩＲＥを目指したい方は、その環境を１日も早く作りましょう！

（注２）キャッシュフローベースとは具体的に（家賃月収－毎月返済分－固定資産税－管理費）の手残りベースの金額を指します。

不動産投資の豆知識①

【買付を通すための極意編】

買付の希望を通すには、コツがあります。

それは売主の属性を理解しつつ、売却理由から指値目線を探ることです。

不動産投資はあくまで相対取引であり、売主と買主の妥結価格にて契約時の金額が決まります。

そのため、売主が予めどのくらいの金額であれば、売却に応じそうかを物件関連の資料や仲介業者の担当者経由でのヒアリングにて予想を立てることが有効です。

具体的な例で言えば、

●謄本から保有期間や取得経緯を把握して、残債の予想を立てる（※取得時期、取引銀行

から当時の融資条件を予想して、融資条件を予想しながら)

●修繕履歴や管理状況から売主の賃貸業のやる気を測り、売却を急いでいるかを予想する。

●売却スタート時期を仲介担当者へヒアリングし、3ヶ月以上経過している場合、指値交渉の可能性を聞いてみる。

上記のやり方がおすすめです。

交渉ではいかに相手側の情報を集めつつ、こちら側に有効な情報を引き出して、それを交渉材料として利用するかがとても大切です。

取引に介在する関係者から上手く情報を抜き出して、上手な交渉術で有利に進めながら、ご自身の理想の指値金額での契約締結を目指しましょう。

2

公務員が不動産投資をやる6つのメリット

この章では、すこし1章の繰り返しになりますが、公務員であるあなたが不動産投資をした方がいい理由を完結にもう一度お伝えをします。

まだ不動産投資を迷っている人の背中を押せたらいいなと思って私の具体的な経験も含めて紹介をしている章ですので、もう不動産投資をすることは決まっているんだ、と決意を持っている方は読み飛ばしてもらい、具体的な話をしている4章に進んでもらって構いません。

銀行融資が借りやすい

このメリットは公務員が不動産投資をやるべき理由の筆頭とも言えます。

通常のサラリーマンの場合、勤務先、勤続年数、自己資金、職歴など細かな融資条件を提示されるのに比べて、公務員はその職業の安定性と堅実性から、銀行は例外なく、融資をしたがります。

私自身、官公庁に勤めていた際、まだ勤続年数が1年未満のタイミングで、個人用の普通口座開設する際に、こちらが何も要求せずとも、住宅ローン担当者を紹介されるなど非常に融資に積極的な姿勢が垣間見えました。

年収500万円未満かつ自己資金が500万円未満の十分な資産がない状態から、短期間で資産を築くには間違いなく、他人資本である融資を活用するのが効果的な戦略です。

公務員であるだけで、そのメリットを享受できるのであれば、それを使わない手はないかと！

ぜひ、今の属性（年収、勤務先、勤続年数、自己資金）で融資を組むことのできる金融機関をまずはリストアップして、融資枠の確認後、物件探しを早速進めていきましょう！

銀行ウケがいい

銀行が最も融資をしたい職業、それはズバリ、、「公務員のあなたです。」

士業（弁護士、医師、公認会計士など）、地主と同等、またはそれ以上に銀行からの職業評価が高いのが、公務員です。銀行は喉から手が出るほど、公務員に対して新規融資をしたいと思っています。

他の職業と比べても、解雇されるリスクが非常に低く、また会社自体が倒産するリスクもまた同様に低いため、銀行としてはその毎月の給料をかなり固い収入として計算ができるため、評価が高いのです。

不動産投資向けの融資をヒアリングするのは少しハードルが高いと思っている方は、まずはご自身が個人名義で保有している銀行や信用金庫の支店窓口へ行って、住宅ローンの融資条件について、勉強がてらヒアリングされるのもオススメです。

そこで実際の融資担当者と接点を持ちながら、それ以降具体的な不動産投資向け物件に巡り会えた際に、具体的な案件を持ち、相談に行かれると、銀行の担当者も融資審査を進めやすくなり、おすすめです。

職歴を活かせる

公務員は部署によりますが、地域住民のインフラを支える役割が大きい職業です。

その観点で言えば、不動産賃貸業で取り扱うのは住宅であり、人の生活の拠点となる場所でインフラ性は高いと言える業種です。

その住宅をいかに快適でかつ長期的に安心して居住してもらえるかが、大家の役割と考えれば、公務員として日々住民に提供しているサービスに似ている部分があります。

不動産賃貸業を私自身、約10年に渡り経験して、感じる賃貸運営の際に大切な3つのポイントがあります。

それは、

①いかに長期間住んでもらうか
②空室期間を短く
③居住者同士がトラブルなく、快適に住めるか

この3つです。これがクリアできれば、大家さんとしての役割は8割以上達成できたと言っても過言ではないです。

なので、この3つのクリアを目指す上で、公務員として普段取り組んでいる仕事内容が活かせるのが不動産賃貸業です。

賃借人が住まいを選ぶ上での、ポイントをヒアリングし、その内容に応じた最適なサービスを提案してあげることで、住まいがマッチングして、賃貸借契約or更新契約が決まります。

・女性入居者のために監視カメラやオートロックでセキュリティを強化してあげる
・5年以上の長期入居者は更新料無料にしてあげる
・内見日に即日入居申込をしてくれた方は礼金なし

などご自身の物件特性と入居者ターゲットに応じて、施策は自由なので色々と試してみながら、ベストな物件運営の選択をしていきましょうね！

本業の隙間時間でスタートが可能

副業を始める際の悩みとして多いのが、本業で時間が拘束されるので、副業の時間を確保するのが難しいとの声です。

そんな悩みも、不動産投資であれば解決しながら、取り組むことが可能です！

というのも、**不動産投資は既に仕組みが完成したビジネスモデルであり、ひとたび物件を仕入れて、満室稼働させることができれば、ビジネスの外注による自動化が可能だからです。**

これは他の事業ではなかなか考えにくいメリットと言えます。

もちろん物件を見つけてから、物件を購入し、満室にするまではご自身で動かなければいけない部分もありますが、ひとたび物件を満室化できれば、管理会社に委任のもと、手離れよく賃貸経営が可能になります。

またリフォームなどもＤＩＹが好きな方はご自身で作業いただいてもいいですし、逆に自動化で外注を希望の方は工務店やリフォーム業者へ依頼することで、ご自身の時間を確保することができます。

これらの理由から、私は公務員をしながら最初に取り組むべき副業として不動産賃貸業をおすすめしています。

私自身、物販やアフィリエイトなど副業で連想されるものは、不動産投資を始める前に色々と取り組んできました。

ただそれらを経験して感じたのは、不動産賃貸業の手離れの良さでした。

本業を疎かにしなくても、仕事外の時間帯で完結することができる点は非常に魅力的かと思います。

公務員の方に限らず、本業が多忙で副業に時間を割けないと言っている方も、他の副業と比べれば、投下しなければいけない時間はかなり限定的な不動産投資は非常におすすめです。

外注する際に外部業者との繋がりができ、将来的な取引先として期待できるのも外注の魅力です。

ぜひ外注業者との繋がりの中で、交渉力も身につけて、不動産投資での業者との折衝の場面で活用しましょう！

学歴、資格を評価してもらえる

公務員の方は学生時代、学業に勤しんでいた方が他の業種に比べ多く、また資格も多岐に渡り取得されている方が多い印象です。

それら学歴や資格も、不動産賃貸業向けの融資で活用することができます。

というのも、銀行員は借り手側の属性を判断する際に、1つの指標として職業以外に、経歴を特に重要視する傾向があります。

その際に、高学歴の方や難関資格を保有していると、それだけで属性に箔がつき、融資の稟議が通りやすくなります。

学生時代に遊ぶのを我慢して、受験勉強をしてきて、最終的に手に入れることのできた学歴はあなた自身の功績です。

ぜひその功績を使って、銀行との交渉を有利に進めましょう。

また資格に関しても、直接的に不動産賃貸業に関係していない資格であっても、取得した経緯などをしっかり銀行へ伝える事ができれば、優秀であることをアピールする事ができ、これも融資上は有利に働くケースが多いです。

せっかく苦労して、手に入れた学歴や資格を融資で副次的に活用することで、ご自身の実績をぜひ活かしましょう！

ミドルリスク・ミドルリターンが仕事柄合っている

不動産投資は一般的にミドルリスク・ミドルリターンの投資と言われています。

一方でFXや株式市場は価格の上下が激しい分、そこでりざやを取れる事で、ハイリスク・ハイリターンと言われています。

その点で言えば、不動産投資のように堅実かつ中長期的に資産を拡大できるやり方は、職業柄公務員の方に非常にマッチしていると言えます。

仕事柄、リスクを取るよりも、前例を踏まえながら、ある程度筋書きを立てて、間違いない方法で仕事を進める公務員のような働き方と、不動産賃貸業はリンクする部分も多く、成功している不動産投資家の中で、元公務員という方が少なくない点も納得かと思います。

また一般的にハイリスク・ハイリターンと言われているような、株式やFXと比べると、派生するリスクを自分でコントロールできる点も非常に魅力の1つかと思います。

例えば、物件の空室率を心配して、購入に二の足を踏んでしまう方は、地方ではなく、都心の駅近物件を購入すれば、利回りは下がりますが、その分空室率で悩む必要がなくなります。

その点で不動産投資はご自身のリスク許容度に応じて、プランが決められる点も魅力の1つです。

不動産投資の豆知識 ②

【いい管理業者を見極める方法編】

不動産賃貸業で最も大切なビジネスパートナーは管理業者の存在です。

彼らの仕事ぶり次第で、購入した物件の満室稼働が継続できるのかが決まると言っても過言ではありません。

その視点で言えば、いかに有能な管理業者か見定めた上で、その管理業者に管理委託を依頼して、満室経営の維持をするのかが、連続的な融資を獲得する意味でも非常に大切になります。

それでは果たして、有能な管理会社かどうかを判断する基準は何かを私の経験から、具体的な例でお伝えします。

●担当者の電話、メールへのレスが早くスピード感ある対応ができる
●物件を満室化するために一緒に知恵を振り絞ってくれ、また具体的にどんな賃貸募集の方法（賃料設定、部屋の設備の充実、入居者ターゲットの選定など）が効果的か積極的に提案してくれる
●ネット集客に優れた業者で、他オーナーの賃貸募集の物件サイトが充実している（アピールポイント、物件写真の掲載、レイアウトなど）
●自社にて独自の賃貸募集サイトを持っており、そこから顧客の動線が一定数ある
●自社客付に固執せずに、他業者経由の入居者も積極的に取り込み姿勢がある

これら条件を満たしている管理会社は私の経験上、有能と言えると思いますので、おすすめです。

ぜひこれを参考に新規の物件を購入した際には、近隣で頼れるビジネスパートナーとしての管理業者を見つけてくださいね！

3

公務員をぎりぎりまで辞めないことが成功の秘訣

成功するためにはすぐに本業を辞めないことが重要

私は不動産投資を25歳からスタートし、約3年半で公務員を辞め、ＦＩＲＥすることができました。

ただ退職をするタイミングで、毎月の家賃収入と自己資金が一定の金額に到達していたのはもちろんですが、それ以上に公務員としての属性を使い切って、融資枠を引けたことが一番の退職時期をそこに決めた理由でした。

というのも、不動産投資は一般的に事業実績が乏しい段階では、あくまで銀行は個人属性を重視した融資で、融資条件（融資金額、融資期間、金利、抵当権設定条件など）が決まるため、安易に退職をしてしまうと、資産管理法人の事業実績ベースで融資を借り続けることが難しいからです。

公務員の場合、一般的な融資枠のイメージとしては、銀行によって多少ばらつきがあるものの、給与年収の15～20倍が上限となります。

例えば35歳で年収が６５０万円の公務員の場合、１～１・３億円が融資枠の目線となります。

仮にすでに住宅ローンなどで残債がある場合、属性による融資枠からさらにその住宅ローンの残債分が差し引かれるため、さらに融資枠が削られます。

それを理解した上で、ご自身の個人の融資枠をフルに使い切ってから、公務員は辞めるのがオススメです。

仮に不動産賃貸業以外にご自身で副業としての売上がある事業がある方は、必ずしも融資枠を使い切る前に退職をされるのも手ですが、そうではない方は、ぜひ公務員としての融資枠のフル活用後の退職をしましょう。

会社外で大家コミュニティに属して、切磋琢磨できる仲間を作ろう

私は公務員時代、某有名な大家の会に所属をしていました。

最初は、1つも物件を保有していない状態での、参加でしたが、不動産投資の知識や情報はもちろんのこと、公務員以外に職種の方と社外で話せる機会自体とても希少で、刺激的だったのを今でも鮮明に覚えています。

また、現在でも仕事&プライベートでも親交の深い、同年代の仲間もその時期に出会うことができたことは一生の宝物です。

大家の会は通常、運営されている方の年代とコンセプトにもよりますが、40~60歳代位の比較的年齢層の高い、集まりである場合が多いです。

ただその中で、当時25歳と最年少だった私は、数少ない同年代の仲間と繋がる事が奇跡的にでき、最終的に20代と30代のメンバー6人で特に深い親交を築くようになりました。

結局、何か達成したいことがある場合、自分1人でその目標に向かって取り組むよりも、同じ志を持った、同年代の仲間がいた方が、お互いに切磋琢磨しながら、成長し合って、目的の達成のために頑張ることができるので、おすすめです。

目的地に到着するのが自分1人だけではなく、仲間と一緒にゴールできるのはとても気持ちがいいですし、時間を最小にして到達することができます。

最短最速での成功を目指すなら、先行投資が不可欠

周囲の成功している経営者やビジネスマンの共通点を考えた際に、必ず共通しているのが、「先行投資」ができている点です。

業種に関係なく、書籍やセミナー、コンサルなどその業界で成功するためのノウハウを知るために、どれだけお金を投資できるかが非常に大切になります。

その投資額によって、将来的なリターンにも大きな影響が出ます。

あなたはこれから不動産投資で最低でも数千万円から、物件によっては数億円単位の不動産を扱うことになります。

それなのに目先の数万円の投資をケチっていませんか？

本来、扱う商品の金額が大きければ、それ相応に先行投資をして、その商品市場を理解して、参入することが成功を目指す上で非常に重要になります。

特に不動産投資は購入時に8割以上成功が決まると言っても過言ではないので、その物

件の目利きに関しての情報や知識に対しては、惜しみなく投資をすることがおすすめです。

また不動産の場合は家賃収入以外に、売却時の売却益も狙うことができます。

売却益の金額も物件の規模が大きくなればなるほど、利益の金額も伸びますので、先行投資した金額をそこで余裕で回収することができます。

例えば、不動産投資コンサルタントと150万円の顧問契約を結び、1年間の期間物件探しをした場合、仮に紹介を受けた物件を市場相場よりも安く仕入れることができ、またその物件を5年保有して、売却した場合、家賃収入と売却収入を合わせて、数千万円単位で利益が期待できます。

その辺りのノウハウを外部の力を活用して取得しながら、効率よく物件購入拡大を目指すのがオススメです。

使えるものはフルで使い切ることが大切

不動産賃貸業向け融資はみなさんが思っている以上に、最新の融資市況を踏まえると、審査が厳しくなっています。

私が不動産投資を積極的に取り組んでいた、25～30歳頃にかけての期間は不動産市場も現在と比べると、売買価格の割安感がありました。

また融資も属性がそれほど高くない方でも、フルローンやオーバーローンでの融資がバンバン出てきたと記憶しています。

それと比べると、現在の不動産向け融資はかなり審査が厳しくなっており、フルローンが出る案件はかなり希少で、どちらかと言えば、売買価格に対してＭＡＸでも80％融資、場合によっては、70％融資などかなり融資金額がシビアになっており、自己資金の投下を求められるケースが多いです。

そんな最新の融資審査を考えた際に大切なのが、属性で使えるものは全て使って、融資条件を少しでも良く引くための動きです。

具体的な例で言えば、

・自宅の残債が減り、現在の不動産価値に換算した場合、担保余力があるため、それを共同担保物件として活用できないか。
・実家の不動産が無抵当で、かつ担保評価があれば共同担保物件として活用できないか。
・ご両親が現役で仕事をしており、社会的に属性の高い職業の場合、保証人として融資の際に協力してもらえないか。

上記の例はあくまで一例に過ぎませんが、イメージとしては使えるコネクションは最大限活用する姿勢が大切です。

1円でも自己資金の投下を減らすために、使える武器は最大限銀行へアピールして、有利な融資条件を目指しましょう！

そしてそこで使わずに浮いた自己資金を見せ金として、次の物件購入時に有効な武器として使うのがいいでしょう。

視座の高い仲間と切磋琢磨することで成功へ近付こう

私が公務員をやりながら、現金1億円を作り、30歳になる前にFIREできた要因として最も大きかったのは「社外の仲間の存在」があったからです。

おそらく公務員として、職場と自宅の往復だけの生活をして、職場と学生時代の同期とばかり一緒に過ごしていたら、これだけ人生が大きく変動することはなかったです。

前述したように、大家の会で知り合った、当時20代半ばの同年代のメンバー6名でお互いに物件探しから融資付の方法まで情報交換をしながら、お互いに優良物件を購入できるように情報交換をし、切磋琢磨してきました。

いい意味で負けたくないライバルとしても一緒に過ごす事ができる関係が、本当の意味での仲間だと私は思います。

そんな仲間を不動産投資で成功を目指す場合、早い段階で見つけて、一緒にゴールを目指して取り組むのが成功への道筋としてオススメです。

私自身も仲間の重要性に気づいて以降は、最初は大家の会に参加する方でしたが、27歳の頃には自分自身の物件購入も増え、仲間6人と「20代サラリーマン大家の会」を立ち上げ、そこで20代から30代の若い世代向けに収益不動産購入のノウハウをレクチャーして、コミュニティ運営をすることもでき、さらに魅力的な仲間を増やす事ができました。

この経験から、私自身が公務員を28歳にて退職してFIREでき、今の自由なワークスタイルを実践できている背景には、周囲の意識の高い仲間の存在が必要不可欠だったといえます。

ぜひ今あなたの身近な仲間で不動産投資に興味を持った人が全くいないという方は、私が運営する不動産投資家サロンでもいいですし、それ以外の大家の会でも構いませんので、イベントへ一度足を運んで、同年代の仲間を作ることを強くおすすめします！

書籍を読みまくって、自分に合った投資法を探そう

不動産投資で短期間に突き抜けた成果を出すために、最も重要なのが「属性に応じた最適な投資戦略」を立て、それを実行することです。

今のご自身の属性（勤務先、勤続年数、年収、年齢、自己資金、家族構成、保有不動産など）に応じて不動産投資での戦略が異なります。特にどの銀行をどの順番で使って、物件購入を拡大していくかが最も重要です。

そこを見誤って、スタートしてしまうと、2～3棟購入を頭打ちに物件購入がストップしてしまいます。

それを避けるためにも、まずは10冊の不動産投資関係の書籍を購入し、不動産投資の異

なる投資手法を学びましょう。

一棟、区分、戸建、シェアハウス、民泊など一口に不動産投資と言っても、様々な手法があり、正解は1つではありません。あなたの不動産投資を通じて、将来手に入れたい未来を作るための不動産投資手法を一早く見つけることが大切です。

また特に著者のプロフィールを確認して、不動産投資スタート時の属性が似ているかは、ぜひチェックして欲しい部分です。

投資スタート時のバックグランドが似ていれば、その著者が物件購入をするためにどんな行動をしてきたのかを確認し、徹底的にパクリましょう。経験と知識が乏しい、不動産投資の初期段階は成功者の成功パターンを徹底的にパクることが、一番再現性の高い方法なのでおすすめです。

私も不動産投資に興味を持った、24歳の頃に、まずは不動産投資について理解を深めるために、不動産投資の書籍を30冊以上購入し、その中で年収、自己資金、年齢が最も近しいメンターの方を見つける事ができ、有料面談の上、最終的に不動産コンサルをお願いし、最短でのＦＩＲＥをする事ができました。

自己投資は一番利回りが高く、将来的にも確実に自分へ何倍ものリターンを返してくれます。なので、先行投資と割り切り、ぜひ積極的に投資を行なってくださいね！

不動産投資の豆知識③

【銀行融資打診時に必要な資料編】

優良物件は他の買い手の競合も多く、熾烈なスピード勝負になります。

そのスピード勝負の際に求められるのが、銀行融資の場合、いかに早く事前審査の融資承認を取ることができるかです。

それではその銀行の事前審査を打診する際に必要となる、物件資料を以下にてご紹介したいと思います。これを参考に仲介業者もしくは売主業者に該当資料を早い段階で請求し、銀行に常に融資打診ができる状況を作りましょう！

●物件概要書
●レントロール
●謄本（土地、建物）
●公図
●固定資産税納税通知書 or 固定資産税評価証明書
●建物修繕履歴
●建築計画概要書

この辺の資料が揃っていれば、一旦事前審査の際には問題ないです。

逆にこの辺りの資料は最低限入手した上で、物件の内見へ行くようにして、無駄足を踏まないようにしましょうね！

4

公務員が1から始める不動産投資とは

1棟目に買うべき物件とは？　その具体的な特徴も含めて

1棟目に購入すべき物件とは、**ズバリ相場よりも割安で、将来的な売却益が狙える物件**です。

不動産投資は物件購入時に、成功の可否の80％以上決まると個人的には考えています。というのも、市場相場価格よりもいかに割安に仕入れる事ができるかが鍵を握る事業だからです。

市場相場と一口に言っても、エリア毎に基準が異なるため、特に一都三県の都心部と、それ以外の地方物件では明確に基準を変えて捉えることが大切です。

具体的な例で言えば、東京と私の地元福島県では不動産市場も相場が異なります。

東京は土地及び建物の需要が高く、一般的な不動産の評価軸で考えるよりも、割高な価格になる傾向があり、不動産投資で言う利回りは低い傾向があります。

一方、福島県で言えば、県内のエリアにもよりますが、同エリアの一等地を除いては一般的に土地及び建物の需要が低く、流動性も都心と比べると低いため、不動産投資で言う利回りは高くなる傾向があります。

表面利回り15%を超える案件もざらに出ますが、その分賃貸需要が弱りエリアも多く、購入後に長期間の空室に悩まされているケースも少なくないです。

その点で言えば一棟目の物件選びに大切な視点は、**「融資先の金融機関が融資基準上対応してくれる物件か」**に尽きます。

現金で購入する場合は除いて、基本的に物件購入時には銀行融資が必要不可欠です。

銀行側が求める融資基準（物件所在地、耐用年数、利回り、積算評価ｅｔｃ）を満たしていない物件を最初から検討しても、絵に描いた餅になってしまいます。

それを避けるために、**物件探しの前に必ず、融資想定先の銀行へ融資可能な物件条件のヒアリングをしましょう。**

そこで探すべき物件の条件を明確にして、無駄な物件探しの作業を防ぐことができます。

また物件条件が明確になることで、不動産仲介業者の担当者に対しても、明確な希望条件を伝えることができ、営業マンも融資先に応じた物件の提案ができます。

この辺りの物件紹介ルートをご自身の努力で予め整備しておくと、後々効果が出てきますので、ぜひこれは実践する中で実感してみてください！

また、エリアに応じた平均の相場利回りが存在するため、そこを把握して物件購入へ向けて買付を進めていく作業が重要になります。

その相場観を培うために一番大切なのが、**「毎日の継続的な物件レビュー」**です。

それもできればご自身で土地勘のあるエリアで2〜3カ所の場所を決めて、毎日物件のチェックをするのがおすすめです。

具体的なレビューの内容に関してご説明すると、以下の項目をまずご自身で不動産業者から物件資料を入手した後に出してみましょう。

（仮）横浜市瀬谷区一棟APレビュー

・積算価格チェック
↓売買価格に対して、何％評価が出ているか

・利回りチェック
↓エリアの周辺相場利回りと比べて何％評価が出ているか

・稼働状況チェック
↓融資付を意識すると、稼働率が50％を超えているか

・賃貸需要チェック
↓周辺物件情報をもとに、物件自体の将来的な賃貸需要が見込めるか、またレントロールの想定賃料に狂いがないか

・購入時融資先チェック
↓どの銀行でどんな融資条件（融資金額、融資期間、金利）目線で購入想定か

・売却時融資先チェック

↓購入後何年後を目安に売却をするか（保有期間想定）また売却時に、次の買主が利用可能な銀行はどこか（※具体的な融資条件も想定）

この項目をそれぞれ実際の物件ベースでレビューを進めると、購入後の高値掴みのリスクを抑えることができます。

またレビューについて、慣れるまでは時間がかかりますが、慣れれば毎日15分程度のチェックで済みますし、何より相場観を培うには収益不動産に慣れることがとても重要なので、非常に効果的な作業になります。

その物件レビューを繰り返していくと、1ヶ月も取り組めば、2〜3つはご自身で購入したいと思う案件が出てくるでしょう。

その案件が出たタイミングで決断スピードを上げて、買い手の競合に負けないで買付を出して、契約をまとめるために、日々のレビュー作業で決断力を上げる練習が購入時に効いてきます。

買う前に苦労した分、購入後運営がラクになるので、そこはぜひ本書を読んだ方は覚えておいて、実践しましょうね！

不動産投資の中でもやるべきではない投資手法とは

不動産投資と一口に言っても、投資手法は多岐に渡ります。

新築一棟、中古一棟、中古戸建、新築区分、中古区分、シェアハウス、民泊、トランルクルーム投資、コインランドリー事業など選択肢が無数にあります。

これら投資手法に関しては、買い手側の投資への目的次第で正解はないものの、個人的におすすめできない手法が1つだけあります。

それは、ズバリ…「新築区分マンション投資」です。

理由は明確で、儲からないからです。

新築区分マンションの場合、販売時に広告宣伝費として経費が多数発生している点と、売主のデベロッパー側の販売時の利益が乗せられている点の2点を理由に、買い手側に受け取れる利益がない構造のため、投資としてみた場合旨みが少なく、おすすめしません。

また、銀行融資を使った買い増しの観点でも、新築区分マンションは買った瞬間、マイナスの負債と判断されることが多く、それが理由で追加の融資枠が削られてしまう点も、投資すべきではない理由です。

新築区分マンションは購入後に値上がりするケースが稀なため、売却するにも残債が残り、それを自己資金で賄えないために、結局持ち続けざるを得ないのが一番のリスクです。

そうならないために、本書の読者の方は間違っても1つ目の物件として、融資を利用した新築区分マンションには手を出さないようにしてくださいね！

ここでは融資を前提に書いてますが、現金で新築区分マンションを検討している方も、同義だと思って、購入検討はオススメしません。

買った翌日に売却しても、売却益が狙える物件であるか

不動産投資で短期間に成果を出したいと考えた際に大切な考え方が、購入後すぐに転売をしても、売却益が見込める物件を1つでも多く仕込めるかです。

というのも、自己資金が1000万円以下でスタートを切る場合を例にお伝えをします。そもそも昨今の、不動産賃貸業向け融資は以前と比べても、融資条件が伸びにくくなっている傾向があります。

特に以前はオーバーローンやフルローンが当たり前だった、各銀行が購入時に自己資金の投下を必須とするケースも増えており、資金調達の部分で苦労が強いられます。

また仮に運よく、フルローンで融資が引けた場合でも、購入時の諸経費（移転登記費用、抵当権設定登記費用、仲介手数料、ローン事務手数料など）として物件売買価格の約8%相当の金額が必要になります。

具体的な例で言えば、物件価格5000万円の一棟アパートをA銀行からフルローンで購入する場合、諸経費で約400万円の手出しが必要になります。

自己資金が1000万円の場合、この時点で手残りは600万円になり、次にもう1つ同じ規模の物件を購入した場合、手残りはさらに400万円減り、200万円の自己資金が残り、そこで一旦買い増しが止まります。

この際に大切なのが、自己資金が少ない状況で、短期間で一気に拡大をしたい人ほど、2~3棟に1棟は売却をして利益確定をし、自己資金を増やす動きを意識することです。

仮に満室想定利回り12%、5000万円で仕入れた一棟アパートを保有期間3年で、6000万円で売却できた場合を想定します。

※現在の不動産市況は私が主に取り組んでいた5年~10年前と比べると、物件価格自体は上昇傾向にあるため、一概に購入後即転売を狙える案件は多くないのが実情です。それでも、個人的な肌感覚でいえば、300物件くらいあれば1~2物件は購入後即転売をしても利益が狙える案件もある印象です。

その場合、以下のような2つの利益が期待できます。

〈売却利益＝キャピタルゲイン〉
売却額6000万円－取得額5000万円
※仲介手数料（購入時&売却時）、移転登記費用、ローン事務手数料、印紙代などの諸費用は省略の上記載しています。

〈家賃利益＝インカムゲイン〉※3年間満室稼働の場合
家賃収入＝600万円／月×3年
＝1800万円
※管理費、固定資産税、不動産取得税など運用コストは省略の上記載しています。

上記の事例から言いたいのは、売却益を狙える物件を保有することで、通常の家賃収入に加えて、売却益も狙える選択肢が出ることから、戦略に幅を持たせて、不動産投資を展開できるメリットが生まれる点です。

特に自己資金が少ない方ほど、この視点を持って、物件仕入れを進めてください。そうすれば、自己資金がないことを理由に、物件の買い増しがストップすることは理論上なくなります。

また自己資金が潤沢な大家に対して、銀行も追加融資をしたいと思っているので、自己資金をキープしながら、同時に買い増しを進めるのは売却が鍵を握ることを覚えておいてください！　不動産投資の世界では売買交渉時、融資打診時に「Cash is King」という言葉があるくらい、現金が強い世界なので、この現金をいかに維持しながら、不動産の買い増しを目指しましょう！

賃貸需要が見込める物件であるか

物件購入後に一番リスクとなるのが、空室リスクです。

空室の長期化は手元資金を減らし、最悪の場合キャッシュアウトを引き起こす可能性があります。

それを未然に防ぐために、物件購入検討時にその物件は賃貸需要がしっかりあるか、また想定賃料通りに客付が可能かのチェックが重要となります。

具体的に賃貸需要を調べる方法をお伝えすると、

①「ホームズ」不動産投資に役立つ！見える賃貸経営にて賃貸需要をチェック
②大手不動産投資ポータルサイト「suumo」「homes」「athome」にて周辺相場をチェック
③物件周辺の客付業者へ最低3社ヒアリング

私の経験上、この3つの方法が特におすすめでかつ、効果的です。

では①から③まで具体的に説明をします。

①LIFULL HOME'Sが運営する「見える賃貸経営」（https://toushi.homes.co.jp/owner/）は賃貸経営されている大家さんの中で有名なサイトです。今回は不動産投資未経験の方向けにお伝えをします。

このサイトは非常に信頼性が高く、ご自身が検討している物件の所在地を入力すると、その周辺の賃貸需要が色別でわかりやすくマッピングされています。以下のサイト切り抜きをご参照ください。

非常にわかりやすく賃貸需要の強さを一瞬で知ることができるので、まず物件資料を入手したタイミングに机上でシミュレーションする際にはご利用をおすすめします。

参照元：
「ホームズ」不動産投資に役立つ！見える賃貸経営
https://toushi.homes.co.jp/owner/kanagawa/city140102/

このサイトで得た情報は銀行向けに融資をお願いする際にも、将来的な賃貸需要をアピールする際のエビデンスとして有効な情報になるので、融資打診時にぜひ補足資料として利用するのもオススメです。

銀行は融資をした物件がしっかりと満室経営ができ、かつ収支が回るかを一番気にするので、そこは借り手側として説得力のある資料を多用しながら、銀行の交渉に役立てましょう。

②大手不動産投資ポータルサイト「suumo」「homes」「athome」の3つのサイトを確認しながら、近隣の類似物件の空室状況ならびに想定賃料を割り出しましょう。

不動産賃貸のサイトは現在多数あるものの、この3つのサイトをある程度網羅すれば、おおよその物件相場を把握することができます。

特に、私自身はよくCMでも流れている、suumoを参照サイトとして多用しています。業者経由で検討物件の情報がきたタイミングで、まず3つのサイトいずれかを利用して、

「最寄駅からの距離」
「間取り」
「築年数」
「水回りの設備面のグレード」

この辺りで物件検索時の条件にチェックをし、物件の抽出を行います。

suumo
お気に入り
物件 1
会社
検索条件
閲覧履歴
会員登録
その他条件を指定
追加したい条件にチェックをいれてください（複数選択できます）
賃料
下限なし
〜
上限なし
管理費・共益費込み
駐車場代込み
礼金なし
敷金・保証金なし
初期費用カード決済可
家賃カード決済可
駅徒歩
1分以内
5分以内
7分以内
10分以内
15分以内
20分以内
指定しない
間取りタイプ
ワンルーム
1K
1DK
1LDK
2K
2DK
2LDK
3K
3DK
3LDK
4K
4DK
4LDK
5K以上
建物種別
マンション
アパート
一戸建て・その他
築後年数
新築
1年以内
3年以内
5年以内
7年以内
10年以内
15年以内
20年以内
25年以内
30年以内
指定しない
専有面積
20m2以上
〜
上限なし

suumo
お気に入り
物件 1
会社
検索条件
閲覧履歴
会員登録
ログイン
不動産・住宅サイト SUUMO > 賃貸 > 神奈川県 > 横浜市 > 港北区 > 菊名駅の賃貸情報
菊名駅から探す賃貸住宅[賃貸マンション・アパート]情報 検索結果
菊名駅（神奈川県）エリア593件の物件をご紹介！賃貸マンション・賃貸アパート・貸家などの賃貸住宅を借りるなら、お部屋探しのSUUMO（スーモ）。物件情報の他、菊名駅の地域情報（口コミ）などお部屋探し・お家探しに役立つ情報を掲載。菊名駅周辺の賃貸マンション・賃貸アパート情報探しをサポートします。
建物ごとに表示
部屋ごとに表示
593件
並び替え：
おすすめ順
表示建物数：
30件
チェックした物件を
まとめて問い合わせする
No.1
suumoは
不動産ポータルサイトにおける
掲載物件数No.1
賃貸アパート
リターノ菊名
神奈川県横浜市港北区篠原北2
東急東横線/菊名駅 歩7分
ＪＲ横浜線/菊名駅 歩7分
ＪＲ横浜線/新横浜駅 歩15分
築5年
2階建
現在の検索条件
東急東横線／菊名 1K アパート 10分以内 20m2以上 30年以内
この条件で
保存する
新着メールを登録
階
賃料/管理費
敷金/礼金
間取り/専有面積
お気に入り
2階
7万円
3000円
-
-
1K
22.02m2
パノラマ
追加
詳細を見る
お問い合わせ
(無料)
検索条件変更

そこで選ばれた物件と検討物件のレントロールを比較参照して、賃料設定が妥当かを判断し、仮に割高に設定されている場合には、妥当な金額まで賃料を調整し、正確な差引後の想定利回りを算出します。

1つのサイトだと不安という方は、残り2サイトも同じ要領で使いながら、想定賃料を割り出して、より精度の高いシミュレーションを行いましょう。この作業をしっかり行うことで、購入前と購入後の乖離を無くすことができます。

大切なことなので、もう一度言いますが、「想定賃料」と「賃貸需要があるか」の2点は購入前に必ず外さずにチェックしましょう。ここを外してしまうと、不動産投資が絵に描いた餅になってしまうリスクがあるので、その作業は面倒臭がらずに取り組みましょう。

③物件周辺の客付業者3社に対して、賃貸需要、想定賃料、入居ターゲット層の確認をして購入前と購入後のギャップが起きないようにリスクヘッジをする。

この作業はぜひ物件の内見時に物件調査とセットで同日に行って欲しいです。

まず不動産仲介業者の物件担当者と物件の内見をし、その上で帰り際に物件の最寄り駅周辺の不動産業者2～3社へ直接ヒアリングをするのが理想的です。

なぜなら、物件周辺で賃貸付をしている地場の業者が1番、そのエリアに精通しているからです。

地場の業者へ直接、今回購入を検討している物件の資料や現地写真を共有しながら、購入後に競合となりそうな賃貸物件を教えてもらい、その物件と比べた際に、どの部分で優位性を持てるかを考えます。

その優位性が強いほど、客付の際には有利になります。

また物件周辺の入居者層もヒアリングして、間取りや物件スペックを加味した上での、入居者ターゲットを明確化します。

入居者ターゲットを明確にすることで、室内の作り込みが容易になるので、そこは手を抜かずに、しっかりとヒアリングを行いましょう。

また時間的に可能であれば、最低でも2社以上にヒアリングをすることで、情報に客観性を持たせることができます。

ヒアリング時は、購入後に御社へ管理委託をする可能性を示唆しながら、聞き取りを行えば、不動産業者もぞんざいな対応はしないので、オススメです。

しっかりと大家の経営目線で賃貸募集に対する提案をしてくれる業者は貴重なので、この機会に管理会社としての見定めができれば一石二鳥なので、尚良しです。

購入後もぜひビジネスパートナーとして組みたいと思う業者があれば、このタイミングで管理委託をした場合の、契約書雛形をもらっておくのも手です。

一都三県エリアの管理料の平均が5％（税別）なので、その相場と比べて割高ではないかも確認をしておきましょう。

銀行融資が伸びる物件か

高利回り物件を理由にその物件を購入対象として考えているあなた！ちょっとお待ちください！

高利回りは確かに1つの大きな魅力ですが、銀行の融資評価が伸びない物件を検討しても、それは単なる理想の物件で終わってしまうので注意が必要です。

まずそもそも、銀行評価とは主に以下の2つの考え方があります。

・積算法
・収益還元法

「積算法」とは、

土地と建物を別々に評価し、それを合わせた評価額のことを指します。土地の評価方法としては主に「路線価」「公示価格」「固定資産税評価額」を利用して評価されます。建物については、新たに新築した場合の費用から築年数分の減価を差し引いて求めます。このような方法は「原価法」と呼ばれています。

「収益還元法」とは、

不動産から将来的に生み出される収益を、現在の価値に割り引いて不動産価格を計算する方法です。

あなたの属性を踏まえた上で、利用予定の銀行がどちらの物件評価方法を採用しているかを把握して、その評価方法に適した物件を銀行へ持ち込みましょう。

逆に言えば、銀行の物件評価の方法を無視して、銀行へ融資打診をしても融資条件が全然伸びずに、徒労に終わる可能性が高くなるので、事前に調べることが重要です。

バランスシートを毀損しない物件か

あなたは融資を引く際に金融機関が最も気にするポイントを知っていますか?

それはずばり…バランスシート（＝貸借対照表）です。

バランスシート？？？　って何だ。初めて聞いたぞって方は、ご安心ください。

この後詳細を説明します。ただ、このバランスシートの概念をしっかり理解して、不動産投資をスタートできるかどうかは、今後短期間で一気に資産規模を拡大して、成果を出せるかの鍵を握るポイントになりますので、ぜひこの機会に一気に学んでしまいましょう！

通常の貸借対照表

まず上記の図がバランスシート（＝貸借対照表）をわかりやすくまとめた図になります。

左側が資産を、右側が負債を表しており、必ず両側がリンクする図になっています。

大切なのが、この図にある青色で示された「純資産」を維持しながら、物件規模の拡大ができているかです。

純資産＝資産－負債で割り出すことができますが、金融機関から見た際にいかに価値ある資産を割安に購入できているか、かつしっかりと返済を進めながら、残債を減らすことができているかが、大家業を展開する中での評価項目になるからです。

債務超過の貸借対照表

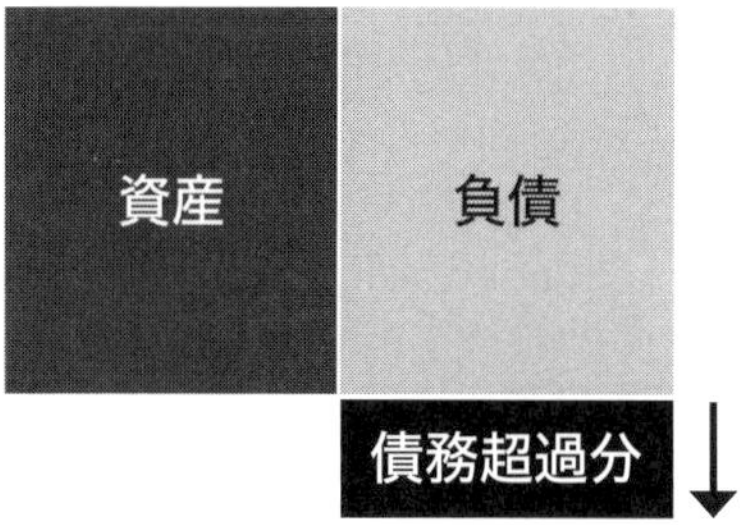

逆に言えば、市場相場よりも割高に物件購入をしてしまっており、かつ融資期間を長期間&高金利での融資で引いている場合、残債の減りが少なく、純資産が出ない状態、つまり以下の図のような状態に陥った状態を「債務超過」（注1）と言います。

この状態は、金融機関から見た場合に、今後の事業の持続可能性が非常に不安視されてしまうため、新規融資が出にくくなる可能性が高くなります。

（注1）「債務超過」とは、事業者が保有している資産より、負債の方が多い状態を指します。資産を全て現金化しても、借入金などの負債を払いきれない状態を指します。

不動産投資で連続的に銀行融資を引いて、物件規模の拡大を目指す場合には、この債務超過の状態にならずに、しっかりと1つ目の図のような純資産のプラスを維持し続けられるかどうかが鍵になるので、ぜひこの書籍で知った方は意識しながら物件の買い増しを進めましょう。

また実際に物件の売却をすることができれば、この資産欄の固定資産（＝保有不動産）から流動資産（＝売却益で残ったお金）に組み替えることができ、銀行から見たバランスシートの評価がさらに上がります。（注1補足）

※1　いくら市場相場よりも割安に不動産を仕入れていても、あくまで保有中は固定資産

として購入時の取得金額でしか銀行は評価をしてくれないためです。

この辺りは実際に1棟目の物件を購入して、感覚を養っていくことが可能なので、ぜひ覚えておいてください！相場よりも安く仕入れて、それを売却によって利益確定をして、初めてその売却益で手元の残った現金をもとに銀行がバランスシートでの純資産を評価してくれることになります。

キャッシュフローが出る物件か

不動産投資で大切なのが、保有不動産単独で収支をプラスにできているかです。

わかりやすい計算式で言えば、

■キャッシュフロー計算

手残り（CF）＝家賃収入－借入金利息－借入金元本－必要経費－税金

上記計算式に当てはめた上で、収支がプラスになっているかが銀行の融資基準で見た際に、非常に重要なポイントです。

そのため、積算評価が売価に対して70％前後を目安に出ていれば、あとは利回りが高いことに越したことはありません。空室リスクも高い利回りで仕入れを行うことで、リスクを吸収することができるからです。

また利回りと同様に融資条件（融資期間、調達金利）も大切です。

特に不動産投資初期段階では、キャッシュフローの最大化にこだわりたいフェーズなので、多少金利が高くとも、長期の融資期間を引くことのできる金融機関を優先して利用しましょう。なぜなら、融資期間が伸びれば自ずと、毎月の手残りキャッシュフローが増えるからです。

金利は損益計算書上で経費にできますし、多少高くついたとしても、それをキャッシュフローがカバーしてくれます。

物件単独でキャッシュフローが出ていれば、手元資金を増やすことができ、不動産賃貸業としての実績として、個人の場合には確定申告書に、法人の場合には決算書にそれぞれ残るので、それを追加融資の際には銀行へアピールをして資金調達に繋がる動きが期待できます。

何度も言いますが、不動産投資の特に5棟目以下の規模感の段階ではキャッシュフローの出る物件にこだわって、物件仕入れを進めていきましょう。

逆にキャッシュフローが出ない物件を購入してしまうと、手残りが増えずに、流動資産が減り、それ以降の物件買い増しにマイナスの影響が出ますので、注意が必要です。

不動産投資の豆知識④

【私が実際に公務員時代に実践して、現金250万円を貯めた自己資金を作る方法編】

公務員の場合、20代から30代にかけての貯金額に関しては、家族構成や最低生活費にもよりますが、良いところ50～300万円程度かと予想します。

特に20代の場合には、給与も500万円以下と安い水準が通常のため、毎月貯金できる金額も上限があるかと思います。

そんな収入が限られている状況の中で1円でも多く、貯金を貯めるコツについて、私が当時実践していたものを以下にてまとめます。

●職場の飲み会は最低限の参加に留め、自分の成長に繫がる飲み会にのみ参加する
●飲み会は一次会のみの参加とし、二次会には参加しない
●移動は徒歩か自転車にして交通費を浮かす
●スマホの利用プランはキャリアではなく、格安スマホのプランに加入し、通信費を安くする
●外食は控え、自炊中心の生活にし、ランチは弁当を職場へ持参する
●毎月の固定費となる住宅費は月収の1／3以下の物件を借りる
●生命保険には入らず、万が一の場合には高額療養費制度など行政が提供するサービスにてリスクヘッジを取る

こんなやり方で私は25歳で不動産投資のスタートを切る際に、現金250万円を作り、不動産投資のスタートを切ることができました。

もちろん、何でもかんでも節約すればいいわけではなく、将来の自分にとってリターン

を生む支出（セミナー代、書籍代、旅行代、コンサル代など）は積極的にお金を使うべきであり、メリハリが大切です。

ぜひその辺り意識して、不動産投資のスタートを切るためのタネ銭を作りましょう！

5

具体的にどんな物件を購入すればＦＩＲＥできるか

融資情報を事前に掴み、効率よく物件検索をしよう

自己資金が乏しい不動産投資初期段階において、物件の取得には融資の活用が必要不可欠です。なぜなら、自己資金が少ない状況で、現金を使ってしまうと、２つ目以降の物件を購入する際に、銀行向けの見せ金が枯渇してしまうためです。

ただ一口に融資といっても、銀行によって、物件の融資基準が異なるため、融資打診時にはその基準を理解して、条件を満たす物件を持ち込むことが大切です。

また物件を探す際にも、その基準を満たす物件に絞って、物件選びができると時間の効率化もでき、毎日の作業量も減るのでオススメです。

まずはご自身の年収、勤務先、ご年齢、自己資金、既存借入額を踏まえた上で、現状利

用可能なパッケージ融資がある銀行をリストアップして、各銀行への物件基準のヒアリングを最初の作業として着手しましょう！

銀行の物件条件がクリアになった後から、いざ物件探しのスタートです。

物件の基準が明確になることで、業者へ物件紹介を依頼する際にも、具体的な条件を伝えることができ、営業マンも物件の提案がしやすくなり、具体的な案件の紹介が増えていきます。

やはり営業マンも人なので、条件が明確でニーズがはっきりしている顧客に優先して案件を紹介します。そのため、具体的な銀行名と融資条件を面談時に伝えている顧客は優先的に案件を振ってもらうことができるのです。

ぜひご自身で初期に行動をして、不動産投資に有効な情報を入手し、効率的な物件探しを進めていきましょう。優良物件を購入するには量はもちろんですが、質も重視しながら、買い増していくことが重要です。

私が実践してきた、川上物件を掴む方法（実例編）

一般的に相場よりも安い優良物件は川上のまだ多くの関係者を介してないルートから出ることが多いです。そのため、川上物件を掴むには、ご自身で不動産紹介ルートの種まきを普段から実践することが大切です。

私が不動産投資を始めたばかりの、25歳の公務員時代に実際に取り組んでいた業者へのアプローチ法を以下にてまとめてみました！

1．属性シートを作成する

2. ネットの公開物件でメールにてやり取りする際に、属性シートを業者へ送付
3. 属性シートに現在利用可能な銀行名、融資枠を記載し、その銀行向けの物件を紹介してもらう
4. 物件が条件に見合う場合、すぐに買付&現地見学の予約をして、直接アポイントを組む
5. 顔を覚えてもらい、リアクションが早い投資家と認識してもらい、優先案件を紹介してもらう

この一連の流れで、現在まで売却益を狙える、市場相場よりも割安な川上物件を入手することができました。

不動産会社の営業マンの視点で言えば、いかに効率よく、買い手を探すかが営業マンとして成果を出す上で、重要なため。その観点で言えば、あらかじめ詳細な属性がわかり、かつ購入確度が高い顧客と思ってもらうことで、物件情報がどんどん入ってくるのは自然な

流れです。

やることは非常にシンプルな割に、効果は絶大なので、これから不動産投資を始める方は必ず着手しましょう！

属性シートの書き方が分からないという方は、日本政策金融公庫の新規創業融資に融資相談票が公式サイトよりダウンロードできるので、こちらをぜひ参照して、作成するのがおすすめです。

▼日本政策金融公庫「各種様式ダウンロード」
https://www.jfc.go.jp/n/service/dl_kokumin.html

頭で考えすぎずに、まずは手を動かし、どんどん実践から入って不動産投資に必要なスキルを身につけていきましょうね！

ネット公開物件をお買い得物件にする方法

ネットに公開されている物件にはお宝物件がないと思っていませんか?
お宝物件の定義としては、

・市場相場よりも割安
・購入後即転売をしても売却益が狙える
・購入後に手間がかからない（リフォーム、客づけなど）

この3つが備わっている物件を本書ではお宝物件と定義します。
そんなお宝物件はどうやって情報を入手できるのか。

それは必ずしも未公開物件に限らず、ネットの公開物件もやり方次第でお宝物件に買える方法があります。

私の経験で言えば、現在まで取得してきた物件の70％以上が、最初ネットに掲載されている物件で、そこから交渉をして市場相場よりも割安に仕入れて、最終的に売却をし、売却益による利益確定をすることができました。これはひとえに仕入れの際に妥協することなく、物件を精査した結果と言えます。

さて、ではどういった物件であれば、ネット公開物件を市場相場よりも割安に仕入れることができるか具体的な方法を3つお伝えします！

1．値付けミスしている物件

↓ネットに公開された時点で、市場相場よりも割安で売り出されている物件が結構あります。こんな案件は指値などせずに、満額ですぐにでも買付＆融資打診を進めるのがオススメです。

値付けミスが起きる理由は、以下の2つである可能性が高いです。

・売主が投資不動産に疎く、市場相場を考慮しない値付けをした。
・仲介業者の担当者が実需には詳しいが、投資用不動産に詳しくなく、市場相場を考慮しない値付けをした。

販売に関わる登場人物が不動産投資に精通していないがゆえに、情報に歪みが出て、買い手側に利益が生まれる構造です。

こういった物件を仕留めるコツは、**シンプルにスピード**です。

さっさと満額で買付を出して1番手を確保し、早めに売買契約へ締結して、物件をグリップすることが大切です。また市場相場よりも相当割安に出ている物件の場合、多少の買い上げをしてでも、まとめるのも有効な手段です。

また仲介の担当者を味方につけて、一番手を確保することがとても重要なので、場合によっては成約した際にインセンティブを上げるなど予算に応じた工夫を施す手段も有効です。

2. 長期間売れ残っている物件

↓長期間売れ残っている物件は、売主の売却姿勢が弱気になる傾向があり、指値交渉が進めやすい場合が多いです。

私の経験上、売却開始から3カ月以上経過すると売主が価格面など条件を下げる印象です。

そのため、仲介業者から物件資料を受領したタイミングで、この物件はいつ頃から売却活動で動いているのかを質問して、売主の売却姿勢を確認するのが有効です。

また謄本を確認し、いつ頃から売主が物件を保有しているのかを予想するのも効果的です。仮に売主が直近で相続にて引き継いだ場合などは、物件の賃貸経営が煩わしく、売却を急いでいることも予想されるためです。

物件内見の際に、物件の管理状況や空室の賃貸募集状況などから、売主の賃貸経営のやる気も見定めて、売却を急いでいそうな理由が見当たれば、それを理由に指値交渉して、希望価格でまとめましょう！それくらい売主側の売却理由とその姿勢が成約には鍵になります。

3. 大規模修繕が必要な物件

↓不動産投資のリスクの1つが大規模修繕に伴う、数百万円以上のキャッシュアウトです。

木造や軽量鉄骨造であれば、200〜300万円規模が目線ですが、重量鉄骨や鉄筋コンクリート造の建物になると、最低でも500万円から、場合によっては1000万円を超える修繕になるケースもあり、注意が必要です。

ただ買い手側はこれを交渉材料として、売主が将来的な大規模修繕の必要性から、売主が物件の売却に弱気になっているのを突いて、物件価格を安くまとめる方法が有効です。

ただ前提として、大規模修繕に伴うリフォーム費用は内見時に工務店立ち会いのもと、見積もりを取り、取得価格＋リフォーム費用を加味して数字が合うかの裏付けを取りましょう。

そこで数字が合う場合、買付証明書の特記事項に購入後の大規模修繕に伴うリフォーム費用を理由に、希望金額で買付を入れて、交渉をまとめましょう。

大規模修繕が必要な案件は、他の競合となる買い手も手を出しにくくなるため、物件自体敬遠する傾向があり、その分引き合いが弱くなることから、交渉が進めやすくなるメリットもあるので、おすすめです。

また購入後にリフォームが必要な物件の場合には、プロパンガス業者の協力を仰ぎながら、各種設備（エアコン、インターフォン、浴槽の支給、ウォシュレットトイレ、宅配ボックスなど）の貸与を受けて、リフォーム費用を抑える方法がおすすめです。

都市ガスの物件の場合でも、現地の配管の状況次第で、都市ガスからプロパンガスに切り替えられる現場もあるので、そこはガス業者へ現場毎に確認をする癖づけをしましょう。

価格交渉の材料を洗い出す重要性

市場に出ている不動産の物件価格はあくまで売主の希望価格にすぎません。

具体的な例で言うと、

・残債を加味して利益が残る物件
・相続税を賄える金額
・エリア相場にプラスαした金額

など、あくまで売主が仲介業者の担当者に相談した上で、値付けした金額にすぎません。

そのため、現状の売り出し価格が絶対と思わないことがまず大切です。

そのうえで、冷静に物件のスペックを事前の机上計算と現地での内見を通じて、算出し、価格交渉になりうるポイントを探します。


私が今まで指値交渉してきた具体的な交渉材料をまとめると、

・空室が多く、購入後のリーシング費用を理由に
・空室のリフォームが必要で、購入後の修繕費用を理由に
・銀行の事前審査結果で物件評価が売価に対して伸びなかったことを理由に
・大規模修繕が必要で、購入後の修繕費用を理由に
・家賃滞納者がいるため、将来の未払いリスクを理由に
・レントロール賃料が実際の相場賃料よりも高く、想定の収益を確保できない可能性が高かったため、それを理由に

これらを理由に指値交渉をし、物件価格を安くまとめてきた経緯があります。

交渉はあくまでこちらの希望を伝えるだけではなく、客観的な根拠となる数字を交えることで説得力が出ます。

また単なる数字だけでなく、場合によっては売主の心情に訴えるような心理的アプロー

チもうまく交えながら、柔軟に交渉することが指値交渉の際のコツです。

売却理由を予想して、有利な交渉を進める

売主が物件を売却する理由を理解して、交渉に臨めるととても有利に進めることができます。それは相手の目的を理解し、交渉できれば相手の足元を見ながら、交渉できるからです。

具体的に売主の売却理由を予想する方法は以下の3つです。

1. 謄本から残債を予想する
2. 謄本から相続、一般売買、任意売却か取得の経緯を確認する
3. 内見時に物件の状態を見て、売主の賃貸経営のやる気を判断する

具体的に言及すると、

1．謄本から残債を予想する

→謄本の権利部（乙区）を確認すると、売主が金融機関の融資を使って購入している場合、当時の融資情報の記載があります。以下の実際の謄本情報をご参照ください。

このように、具体的な銀行名と当時の資金調達した際の利率の記載があります。

ここを見て、当時の利用銀行が一般的に不動産賃貸業向けに融資をしていた際の、融資条件に当たりをつけて、残債を予想しながら、買付金額を決めるのがおすすめの方法です。

実際に私も、売主側の残債を予想し、残債＋利益（目線２００〜３００万円）に手元に残るような金額で指値すると比較的まと

権　利　部（乙区）（所有権以外の権利に関する事項）			
順位番号	登記の目的	受付年月日・受付番号	権利者その他の事項
1	抵当権設定	平成２０年１１月１２日 第８０７号	原因　平成２０年１１月４日金銭消費貸借同日設定 債権額　金４，０００万円 利息　年２・６０％（年３６５日日割計算） 損害金　年１４・５％（年３６５日日割計算） 債務者　特別区南都町一丁目５番５号 法　務　五　郎 抵当権者　特別区北都町三丁目３番３号 株　式　会　社　南　北　銀　行 （取扱店　南都支店） 共同担保　目録(あ)第２３４０号

められることが多かったので、ぜひ交渉時の目線として覚えておいてください。

2.謄本から相続、一般売買、任意売却か取得の経緯を確認する

→謄本の権利部（乙区）（所有権以外の権利に関する事項）にて、売買、相続、差押などから、現在の売主が購入した際の、仕入れルートの判断ができます。

ここで仕入れ先を理解できると、売主が今回売却に出した際の売却理由を予想することができます。

例えば、直近で相続にて物件を取得している場合、相続後に賃貸経営をやる気がなく、早めに物件を売却して、大家業をやめたいもしくは相続税の支払い原資にしたいなど思惑がわかります。

権利部（甲区）（所有権に関する事項）			
順位番号	登記の目的	受付年月日・受付番号	権利者その他の事項
1	所有権保存	平成２０年１０月１５日 第６３７号	所有者　特別区南都町一丁目1番1号 甲野太郎
2	所有権移転	平成２０年１０月２７日 第７１８号	原因　平成２０年１０月２６日売買 所有者　特別区南都町一丁目5番5号 法務五郎

この辺りを予想して、交渉を進めるのが、買い手側の希望条件でまとめるためのセオリーになります。必ずしも読み通りではないケースもありますが、売主属性を予想して、実際にそれをもとに交渉するかしないかで、それ以降の不動産投資家としての成長にも差が出るため、この作業は物件レビューのごとに実践することがおすすめです。

間違いなく成果を出せる大家になるためには必須のスキルと言えるので、この作業は数をこなして、慣れるようにしましょう。

3．内見時に物件の状態を見て、売主の賃貸経営のやる気を判断する

↓実際に物件を内見すると、物件の管理状況から、多くの交渉材料を入手することができます。

具体的な例を言及すると、

・共用部（共用通路、共用階段、共用部の照明、ゴミ置き場など）の管理状況がずさんで、手入れされていない。
・空室があるのに、新規入居者の募集看板や旗が立っておらず、新規入居のリーシングがされていない。
・空室があるのに、原状回復やハウスクリーニングが未実施で、新規入居のリーシングのやる気がない。
・外壁や屋根、共用部分に補修が必要な箇所があるのに、その修繕が実施されていない。

上記の特徴がある物件の場合、高い確率で現在のオーナーが賃貸経営にやる気がなく、売却を急いでいることが予想されます。

こんな特徴のある物件の場合には、ぜひ上記の問題箇所などを理由に積極的に指値交渉を進めてみるのがおすすめです。

以下は私が実際に建物の修繕及び空室が多いことを理由に交渉した際の仲介業者担当者とのやり取りになります。

私「内見をさせていただき、工務店にも建物の外壁塗装及び空室３部屋についてリフォーム費用の見積もりを出してもらいました。その結果、外壁塗装費用１２０万円、空室２部屋の原状回復60万円の合計１８０万円の見積もり金額が上がってきました。そこでこちらの１８０万円の金額を踏まえて、現在の価格から１８０万円の指値交渉を売主様とお願いできますか。」

担当者「本物件は売出し直後で売主様は大幅な指値は受けていません。１８０万円は現状非現実的な指値かもしれません。」

私「売主様のスタンス理解いたしました。ただ●●銀行の事前審査の結果、具体的な融資条件（融資金額３０００万円、金利3.2%、融資期間30年）が確定をしており、また内見の際に工務店を手配し、具体的な購入後の費用算出もしたため、その購入確度の高さを交渉材料に売主様にお話を進めてもらえないか。」

担当者「確かに、船生様は現在購入を検討している他の投資家の皆様と比べても、内見までのスピード感、やり取りの早さ、銀行の事前承認を取るまでの早さが1番だったこともあり、弊社としても最優先の顧客としてぜひ契約を進めたく考えています。ただお伝えの通り、大幅指値が難しい背景を踏まえ、一旦150万円の指値で買付を入れてもらい、最終的な落とし所として100万円の指値を目指す形ではいかがでしょうか?」

私「そうですね、何とか現状の売買価格から100万円の指値が効けば、土台には乗りますので、では再度150万円指値バージョンの買付を提出しますので、交渉をお願いします。」

上記の流れで実際に建物の大規模修繕を理由に100万円の指値交渉に成功した例があ

ります。

ただ一部、売主が地主家系で財産に余裕があり、賃貸経営にそんなにやる気がない場合もあるので、その辺りは別途調査が必要です。

売主が地主で金銭的に余裕がある場合、売り急ぐ姿勢なども弱いため、買い手側としては交渉がしづらいケースが予想されます。

不動産投資を成功させるには案件ごとに柔軟な対応ができるかが1つのポイントです。

この辺りは実際の経験から習得していく必要があるので、アウトプットを重ねていきましょうね！

不動産投資の豆知識 5

【不動産投資で成功するために必要なスキル編】

この章の豆知識では不動産投資歴10年以上の私が考える、不動産投資を進める上で、持っていると有効なスキルについてお伝えをします。

それを持っているから必ず成功するとは言いませんが、そのスキルがあるだけで、不動産投資での成功確度が劇的に上がるので、おすすめです。

●即レスできる業務処理スピード

⬇不動産投資ではスピードが命です。優良案件で買い手が多い物件ほど、スピード感を持って、手を上げることができなければ、他のライバルに勝つことは到底できません。

そのため、業者からの物件紹介時はもちろん、銀行や管理業者、工務店、ガス業者など不動産賃貸業に絡む関係業者に対しては、即レスして、展開をどんどん進めることのできる業務処理スピードが重要になります。

ぜひ公務員の方は普段の仕事の中でもスピードを意識して、基本的に自分側にはボールを持たない状況を作り出すようにしてください。

それを徹底できると、このスキルを会得することができます。

●客観的な視点での交渉力

➡不動産投資は売主と買主の相対取引です。相対取引で有利な条件を引き出すために重要となるのが、売主の属性情報を的確に聞き出した上で、最適な金額で買付を入れることです。２０２３年８月現在の不動産市況でいえば、どうしても売り手市場で売主側が基本的には交渉時に強気の姿勢なことが一般的です。

ただそんな中でも、売主が売り急いでいる案件や不動産投資に精通していないために、相場を無視した売買金額に設定した割安な案件が一定数存在します。

そんな案件に遭遇した際に、この客観的な事実をもとに買い側にとって最適な条件で買付を入れる交渉術が重要になります。案件毎にその辺りは柔軟に対応するのがおすすめです。相手側の利益も考えながら、買い手側としても旨みがある条件で話をまとめましょう。

●前向きかつ勉強熱心な仲間を持つこと

⬇3つ目に必要なものは「仲間」の存在です。少々スキルとは脱線しますが、大切なのでお伝えをします。

不動産投資はあくまで本業の傍ら、取り組む方が多いと思います。

本業に取り組みながら、不動産投資に取り組む場合、常にモチベーションを維持しながら、不動産投資事業にも熱を持って取り組み続けるには1人では限界が生じることがあります。そんな時に大切なのが、自分を叱咤激励してくれる仲間の存在です。

一緒に将来のＦＩＲＥを目指して、取り組むことのできる不動産投資仲間がいれば、お互いに切磋琢磨しながら、不動産投資での成功へ向けて一緒に取り組むことが可能になります。

また特におすすめなのが、否定的なマインドではなく、将来を見据えてポジティブに発言ができる仲間を複数作ることです。お互いに長所を認め合いながら、不動産投資の成功へ向けてチャレンジし続けられる関係性が理想的です。

6

結局あなたは不動産投資を通じて何を得たいか

不動産投資の成功の先に何を掴みたいか

この書籍をここまで読んでいただいた、あなたへ。

数ある不動産投資関連の書籍の中で、私の書籍を手に取り、そして実際に購入してくれてありがとうございます。


ここまで熱心に読んでいただいたあなたに1つ質問があります。

それは、

「不動産投資を通じて、あなたが達成したい未来とは何ですか？」

この質問です。

というのも、私が考える不動産投資とは目的ではなく、あくまで手段だと考えているからです。

不動産投資を目的にしてしまうと、日々のライフスタイルを犠牲にして、想定以上のリスクを負って、不動産投資を進めてしまい、最悪の場合、家族や親族にまで迷惑をかけてしまうケースも少なくありません。

不動産投資で自由を手に入れるはずが、すべてのものを失ってしまっては、本末転倒です。

そんな時に大切にして欲しいマインドが、「あくまで不動産投資は資産形成の手段である」という考え方です。

あなたが目指したい生き方やライフスタイルを実現するための手段としての、不動産投資と位置付けて取り組むことができれば、適度なリスク許容の考え方を維持しながら、同時に目的達成のために不動産投資を本業の傍ら、継続して頑張ることができるでしょう。

まずは不動産投資に着手する前に、ご自身が不動産投資を通じて、どんな未来を描きたいかを紙に書き、具体的かつ明確にし、そのやりたい事の延長線上に不動産投資がリンクする考え方がおすすめです。

ここまで聞いて何から着手したらいいか分からないという方は、ぜひ巻末にある書籍購入特典の面談にて直接お会いして、その夢の達成のためにどんな取り組みあるかを一緒に考えましょう！

1人で考える時間はもちろん大切ですが、その考え方をより客観視するために、その分野の専門家に相談するのがおすすめです。

私に一番に相談して欲しいところですが、仮に私じゃなくても構わないので、不動産投資の世界で成果を出しているコンサルタントや大家さんに相談を仰ぐようにしてください。

そのジャンルの専門家に最新の不動産市況をヒアリングしつつ、最短最速で成果を上げられる戦略を決めましょう。

戦略が決まれば自ずと、日々取り組むべきことも決まります。

ＷＨＹを追求することで成功確度が上がる

不動産投資を実際に取り組み始めると、理不尽な対応をされたり、予想外の事態が起きたりするのが日常茶飯事です。

そんな時に大切な思考を１つ教えておきます。

それは常にＷｈｙを考えることです。

「なぜ、その出来事は発生したのか」
「なぜ、相手はこんな理不尽な対応をしてきたのか」
「なぜ、契約がうまくまとまらずに、流れてしまったのか」
「なぜ、他の投資家にはいい案件が来るのに、自分には情報が少ないのか」
「なぜ、銀行は現在の私の属性だと、融資がＮＧなのか」

など、一度立ち止まって、なぜを思考すると、その問題点への解決方法が見えてきます。

またこの思考方法のいいところが、自分本位でなく、相手目線で物事を捉えられるようになるため、常に物事を俯瞰して、客観的に捉えられるのがメリットです。

相手目線で考えつつ、自分の目指したいゴールに向けて、相手の利益も絡ませながら、お互いにベストな妥結点を目指せるようになるので、交渉のまとまる可能性が劇的に上がり、おすすめです。

私もサラリーマン時代は、この考え方になるまでは予測不能な出来事が発生すると、あたふたして、気が動転し、いつも自分が望まない結果ばかりの時もありました。

ただそんな状況に四苦八苦する中で、このＷｈｙ思考の考え方に出会い、実践する中で目に見える形で成果が出たので、ぜひ読者の皆さんにも実践する中で効果を体感して欲しいと思います。

またこの考え方は、不動産投資だけでなく、普段のビジネスや私生活の場面でも活用できるので、ぜひ意識して取り入れてみてくださいね！

あなたがＷｈｙを起点に具体的にどんな行動（＝ＨＯＷ）に取り組むのが効果的かを考えられれば、不動産投資のスタートを切れる日が１日でも早くなるかと思います。

その辺りのＷｈｙ思考もトレーニングで身につけることができるので、この辺りは直接ご面談でお話しした際にお伝えするので、楽しみにしていてください！

動機を明確にして、動かざるを得ない状況を作る

第6章の1つ目の考え方に似ていますが、かなり重要なポイントなので、再度お伝えをします。

私の周囲の成功しているメガ大家さんや専業大家さんに共通しているところ、それが不動産投資をやる目的がめちゃくちゃ明確かつ具体的であるところです。

なんで不動産投資をやっているのか、また不動産投資で成功した先に自分が叶えたい未来は何か、どんな仲間と一緒にその未来に向けて動いていきたいか。

この辺りのめちゃくちゃ具体的なビジョンを持っている方が多いです。

なので、まず物件探しや銀行開拓よりも先に、**不動産投資で成功をした先にあなたが手に入れたい未来を具体的に描くこと**をおすすめします。

逆に言えば、その動機づけさえしっかりしていれば、不動産投資で多少の失敗やトラブルが発生しても、歩みを止めないで、動き続けることができるでしょう。

また動機が明確だと、周囲の仲間たちがその目標達成のために協力してくれるメリットもあります。どんどんご自身の動機の部分を情報発信して、周囲の仲間を味方につけて、一緒に事業に取り組んでいければ、成功までの速度も一気にスピードが上がります。

そのためにも同じアンテナを立てている同年代の大家仲間を早く作るのがおすすめです。

仲間がいれば、お互いに負けなくないとの気持ちから不動産投資への活動量が自然と増えますし、また同時に切磋琢磨しながら、お互いの最短での目標達成のために刺激を与え合えるのが仲間のメリットです。

私が運営する不動産投資家サロン「kenzitsu」では20代～30代の若い層の大家さんが多く、これから不動産投資を始めたい30代以下の方にはとてもおすすめのサロンです。

また40代以上の方でも、若い世代に刺激をもらいながら、スピード感を高めて、不動産投資に取り組むには絶好の環境なので、ぜひ一度イベントにも足を運んで欲しいと思います。

毎月定期的にイベントを開催しており、現在までに物件見学会、一棟収益勉強会、ガス業者勉強会、ＢＢＱなど多岐に渡り不動産投資関連のイベントを開催しています。

以下にてサロンのＵＲＬを添付しますので、ご確認ください。

▼不動産投資家サロン「kenzitsu」の概要はこちらより

https://fudousan-salon-kenzitsu.com/

せっかく人生の目標に向かって取り組むなら、同じアンテナを持った仲間と一緒にそのゴールへ向かって取り組めた方が早くゴールに辿り着けますし、同時にゴールした瞬間も満足度も桁違いに上がるのでおすすめです。

公務員として退職まで働くか、それとも別の道を模索するか

不動産投資でのゴールをどこに定めるか次第で、公務員を続けながら不動産投資に励むか。もしくは完全に退職をし、ＦＩＲＥして専業大家として取り組むか変わります。

私の場合には、28歳で現金1億円を作り、退職し、自分がやりたい事業を取り組みつつ、現役バリバリの大家として現在も物件の買い増しをしています。

ただこの辺りのスタイルは読者の皆さんが希望とされるやり方でいいと思います。

というのも、前述のように不動産投資は目的ではなく、手段にすぎないので、具体的に以下のような組み合わせ方は人それぞれでいいと考えるからです。

・不動産投資は将来の年金＋αとして稼げればよく、それほど借金も増やさずに、中長期的に安定的に拡大したい。

・本業のストレスが大きく、不動産賃貸業単独で、本業収入を超えれば、退職をして、ＦＩＲＥをしたい。

・自分がやりたい事業があり、その事業の収入が安定するための基盤として固定収入かつ手離れのいい不動産賃貸業で月１００万円程度キャッシュフローを得たい。

など、目的と目指したい規模感によって、取り組み方は自由なので、そこは始める前に青写真を描きつつ、実際に1、２棟と購入規模を拡大する中で、より具体的なロードマップを決めるやり方がおすすめです。

必ずしも早期のＦＩＲＥが正解なわけでなく、ご自身が不動産投資でどこまでリスクを許容して取り組むか次第で戦略は変わるため、その辺りはぜひ私に相談をいただき、一緒に目指すべきゴールと期限を設定して、日々の行動目標にまで落とし込めればと思います！

人生の質を上げるのは選択肢の多さである

私が不動産投資を通じて、現金1億円以上の資産を作り、公務員を辞めることができました。手元に現金での資産を作れたメリットとして感じるのは、「選択肢が多くなること」です。

公務員時代の月収20万円台半ばの頃は、外食するお店や旅行先の滞在ホテルなども、価格を最優先に決めており、自分の価値基準を度外視して、節約を第一で選択をしていました。

ただ資産がある程度構築できると、それ以降は、自分が直感でいいと思った選択肢を自由に選ぶことができるようになり、幸福満足度が間違いなく上がりました。

また、不動産投資で得た家賃収入と売却益のおかげで、精神的に余裕ができるため、家族や親族に対しても気前よく、ご馳走やプレゼントできるのもメリットの1つだと思います。

自分が大切に思っている人に、与えてあげられる側になると、自分がもらうよりも嬉しく、生涯通して、記憶にも残るのでおすすめです。

本当の幸せとは得るものではなく、与えるものなのかもしれません。

自分だけでなく、自分の周囲の大切な人に影響を与えられる幸せをぜひ、あなたも不動産投資での成功を通じて、手に入れましょう！

知識と情報に先行投資をして、投資額の10倍以上リターンを得よう

私は不動産投資を始めて、公務員を辞めるまでにトータルで300万円以上の金額を先行投資してきました。

具体的には書籍やセミナー代、コンサル代、有料面談などにあたります。

不動産投資で得た、家賃と売却益に関しても、一部を再投資に回すことで、さらに不動産投資による利益を上げることができました。

結果的に投資した300万円は1億円以上の現金を作ってくれました。

ただこの結果はやはり、右も左もわからない不動産投資市場に参入したタイミングで、思

い切って身銭を切って、リスクをとった結果だと思っています。

誰しも最初、リターンが確実でないものには投資を躊躇しますよね。

ただそこでリターンの金額が大きい分野だと見込み、投資した以上の金額を回収するとの意気込みで取り組むことができれば、他のライバルに差をつけて、成果を出すことが可能になります。

周りがやらないことを先駆的に取り組んだ人にだけ、チャンスの女神は微笑みます。

また個人的に思うのは先行投資の1番のメリットは、**「自分が先行投資をしたからには、損をしたくないとのモチベーション」**だと思っています。

心理学的にはサンクコストといい、「既に投資した事業から撤退しても回収できないコストのこと」と少々マイナスに論じられていますが、ただそれは逆に捉えれば、それ以上に回収できれば目標を達成できるのです。

その心構えで取り組めば、基本的にはどんなビジネスでも成功できる確率が上がるので、不動産賃貸業に限らずにおすすめの考え方になります。

私が考えるこれからの公務員の働き方について

私が考える公務員の今後の働き方について少しお話しします。

公務員は以前であれば一度就職すれば、よほどの事情がない限り、生涯雇用が保障される職業と言われていました。

ただ昨今の少子高齢化に伴う財源不足を考えた場合に、今後公務員とはいえ、生涯的な賃金の保障が危うくなってくると考えています。

仮に雇用は保障されても、賃金の水準は現在の民間準拠の給与水準からかなり下がるのではないかと見ています。

仮に職場で働き続けることができても、給与体系が不十分で時間を対価に我慢を仕入れられるような働き方は非常に勿体無くないでしょうか?

それであれば公務員を続けながらも、副業として両立が可能な不動産投資は資産運用の観点では組み込むべき投資戦略の1つとして非常に有効です。

また今後公務員の職種的にも、副業が民間企業に続く形で開放していくと見ています。行政の人件費予算が限られるため、給与の保障がしづらくなるのが関係しています。

完全に副業が解禁されると、公務員がこぞって不動産投資に行き着く未来が見えるため、ライバルが増える前に、今から不動産投資市場に参入して、先行利益を目指しましょう。

不動産投資の豆知識 6

【良質な習慣を作ることが成功への最短ルート編】

私が35年間生きてきて、成功について考える際に最も大切だと考えるのが、「良質な習慣」の重要性です。

結局人間は誰しも1日24時間の平等な時間軸で生きています。

その限られた時間という資源をどのように配分するかで将来のリターンは影響を受けます。

特に毎日定期的に行うルーティーンとなる習慣は一番影響があり、これが悪習慣だと、成果も出ずに負のスパイラルに陥る可能性が高まります。

逆に、良習慣を取り入れることができれば、不動産投資はもちろん、その他本業やプライベートにもいい影響を与えることができます。

具体的な私自身の例で言えば、

●毎日30分間の運動習慣
●1日7時間以上睡眠時間を確保して、集中力の高い脳を維持する
●早寝早起きで午前中に優先度の高いタスクをこなす
●腹8分目を意識して、満腹にせずに日中の集中力を高める
●15分間の昼寝を取り入れ、午後も集中して仕事ができる環境づくり
●テレビは自宅に置かず、無駄な時間を過ごさないようにする
●1日15分は読書をするようにして、常に新しい知識と情報を習得する

これら習慣を公務員時代に私は実践をして成果を上げることができました。

全く同じ習慣でなくても構いませんが、ご自身の日々の時間の過ごし方を一度可視化して、もしも将来のリターンに繋がらない習慣を送っている方は本書を読み終わったら、その習慣を見直して、成功のスパイラルに突入するようにしていきましょうね！

最後に

ここまで読んだあなたは不動産投資への心構えはもう十分に備わっているのではないでしょうか？

本書では不動産投資初心者の方が、不動産投資を始める前に悩んだり、苦労するポイントに関して、テーマをピックアップしてまとめました！

なので、本書を無事に読み終えたあなたは、もう何の心配もなく不動産投資に向けて動き出せるのではないでしょうか！

不動産投資の場合、事前に書籍やセミナーで聞いた内容と実際に運営してみて感じることが異なるので、1日も早く収益不動産を購入して参入いただき、実績を身につけて欲しく思います。

実際に物件を購入して、賃貸運営をすることで見えてくる世界もあり、お金の流れなどひと通り把握することでリスクの捉え方なども変わってくるので、そこもおすすめのポイントです。

私もそうでしたが、1つ物件を買うことで、いい意味でメンタルブロックが外れ、2つ目以降の物件は取得するスピード感も一気に上がる傾向があります。

何度も言いますが、あなたが不動産投資で得たいものは何ですか?
またその得た先にどんな人生にしていきたいですか?

この2点を明確にして、不動産投資に取り組む理由を明確にして、行動を加速できるために、私が皆さんの不動産投資のコンサルタントをやらせていただいている背景があります。

不動産投資を通じて、あなたの人生を豊かに選択肢のあるものにしていただけるのが私にとって、一番の理想の形です。

ぜひ本書を読んで、私の投資手法や戦略について興味を持っていただいた方にご案内です。

書籍の購入特典として私との30分間の初回無料面談をお付けします。

私の経験上、人生に一番インパクトを与えるのは「人との出会い」です。

特にご自身が展開したいと考える分野の先駆者には積極的に会って、その分野の話を聞くのがおすすめです。

「百聞は一見にしかず。」なので、ぜひこの貴重な機会を使い、積極的に私との直接面談にお申し込みいただければと思います！

▼書籍購入特典の無料面談申し込みはこちらより

https://lin.ee/LZEM56E

ちなみに、この面談では、以下のことをあなたは知ることができます！

・不動産投資で最短最速で資産拡大をする方法
・現在の属性でどの銀行を利用しての物件購入が最適かを知れる
・1棟目を購入するために具体的にやるべき行動が知れる
・5年以内に月100万円以上のキャッシュフローを作りFIREをするための行動指針
・公務員を続けながら、不動産投資で連続的に物件を購入する方法
・売却益が狙える物件の見分け方

・購入物件を3ヶ月以内に満室稼働させる方法
・仕事のできる営業マンの見極め方
・関係業者の紹介（ガス業者、管理業者、工務店、リフォーム業者ｅｔｃ）

迷っている時間が一番もったいないです。
人生やるかやらないか迷ったら、やる方を選んだ方が私の経験上人生は好転していきます。

面談でぜひあなたの不動産投資のスタートダッシュの糸口を見つけて、一気に不動産投資に向けて動きを加速していきましょう!!

▼書籍購入特典の無料面談申し込みはこちらより
https://lin.ee/LZEM56E

あなたの不動産投資でのスタートダッシュを加速させる、また既に不動産投資をやられている方は、この面談で再度今後の進め方を考えながら、ご自身の目指す不動産投資でのゴールへ向かって一緒に取り組めたら嬉しく思います。

元公務員の不動産投資家ひろや

ひろや
株式会社堅実不動産代表取締役
福島県出身。大学卒業後、7年間都内にて公務員として勤務。
25歳から一棟、戸建を中心に不動産投資をスタート。28歳の頃に最大の家賃収入150万円/月を達成。資産管理法人にて信金、信用組合を中心にプロパー実績あり。20代で累計14案件の売却実績があり、出口を見据えた投資に強みがある。現在までアパート13棟、戸建8棟、区分1室を購入、累計売却益1.2億円を達成。

LINE：https://lin.ee/LZEM56E
X（旧Twitter）：https://twitter.com/ktm10001
ペライチ：https://kenzitsu.com/

公務員特権×不動産投資　公務員が最短最速で不動産投資でFIREする方法
2023年10月16日　　第1刷発行

著　者――― ひろや
発　行――― 日本橋出版
〒103-0023　東京都中央区日本橋本町2-3-15
https://nihonbashi-pub.co.jp/
電話／03-6273-2638
発　売――― 星雲社（共同出版社・流通責任出版社）
〒112-0005　東京都文京区水道1-3-30
電話／03-3868-3275
印　刷――― モリモト印刷

ISBN 978-4-434-32852-7